Liebe Kunden und Backfreunde,

wir freuen uns, Ihnen mit diesem Buch viele weitere feine Rezepte präsentieren zu können. Für jeden Geschmack und Anlass ist etwas Passendes dabei: Rezepte für Brot, Brötchen und Kleingebäck, Süßes und Saisonales, auch Fleischliebhaber kommen nicht zu kurz.

Alle Rezepte sind erprobt und können mit wenigen Zutaten und einfachen Handgriffen leicht nachgemacht werden. Bei vielen Rezepten haben wir die Arbeitsschritte für Sie mit Fotos festgehalten. Wertvolle, praktische Tipps und zahlreiche Rezeptvariationen runden das Buch ab und laden zum Selberbacken zu Hause ein.

Wir wünschen Ihnen viel Freude und gutes Gelingen

Ihre Familie Häußler

und das engagierte Häussler-Team

HÄUSSLER

© 2012

Karl-Heinz Häussler GmbH
Nussbaumweg 1
88499 Heiligkreuztal

Telefon: 0 73 71/93 77-0
Fax: 0 73 71/93 77-40

www.backdorf.de
E-Mail: info@backdorf.de

Konzeption, Text, Grafik:
Karl-Heinz Häussler GmbH

Fotografie:
Karl-Heinz Häussler GmbH

Druck: Druckwerk Süd, 88339 Bad Waldsee
1. Auflage 2012, 4.000
2. Auflage 2014, 8.000
3. Auflage 2016, 8.000
4. überarbeitete Auflage 2018, 8.000

ISBN: 978-3-9809661-7-7

Inhaltsverzeichnis

Zutaten für 4 Brote:

Quellstück:

1000 g	Einkornvollkornmehl
800 g	Saatenmischung
1500 ml	Wasser

Hauptteig:

3300 g	Quellstück
1000 g	Dinkelmehl 1050
50 g	Salz
40 g	Hefe
40 g	Roggensauerteig getrocknet
350-400 ml	Wasser

Saatenmischung für das Topping

4 Kastenformen 25 x 11 x 7,5 cm

 Im Häussler Holzbackofen:
Bei 280° C einschießen.
Backzeit 60 Minuten.

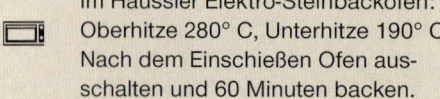 Im Häussler Elektro-Steinbackofen:
Oberhitze 280° C, Unterhitze 190° C.
Nach dem Einschießen Ofen aus-
schalten und 60 Minuten backen.

Im Haushaltsbackofen:
250° C, nach 10 Minten den
Ofen auf 200° C zurückschalten.
Backzeit 60 Minuten.

Einkornbrot mit Saaten

Die Zutaten für das Quellstück mischen und 5 Stunden oder über Nacht im Kühlschrank quellen lassen.

Am nächsten Tag mit den restlichen Zutaten für ca. 14 Minuten in der Häussler Teigknetmaschine zu einem weichen, homogenen Teig kneten. Den Teig 1 Stunde abgedeckt bei Raumtemperatur gehen lassen.

Anschließend den Teig mit nassen Händen in 4 gleich große Stücke teilen und diese zu runden Broten ausformen. In Saaten wälzen und für etwa 30-45 Minuten in der Form abgedeckt gehen lassen. Anschließend in der Form backen.

Zutaten für 4 Brote:

Mehlbrühstück:

100 g	Roggenmehl 1150
400 ml	Wasser (60° C)

Hauptteig:

500 g	Mehlbrühstück
1200 g	Weizenmehl 1050
400 g	Dinkelmehl 1050
300 g	Roggenmehl 1150
ca. 570 ml	Wasser
500 ml	Buttermilch
40 g	Salz
40 g	Hefe
40 ml	Apfelessig
40 g	Honig
	Brotgewürz

Im Häussler Holzbackofen:
Bei 280° C einschießen.
Backzeit 60 Minuten.

Im Häussler Elektro-Steinbackofen:
Oberhitze 280° C, Unterhitze 190° C.
Backzeit 60 Minuten.

Im Haushaltsbackofen: Bei 250° C
einschießen und nach 25 Minuten
auf 180° C zurückschalten. Danach
noch 35 Minuten lang fertig backen.

Bauernbrot mit Mehlbrühstück

Die Zutaten für das Mehlbrühstück miteinander vermischen und über Nacht stehen lassen.

Alle Zutaten mit dem Brühstück in der Häussler Teigknetmaschine ca. 14 Minuten zu einem geschmeidigen Teig kneten.

Anschließend den Teig mit Gärfolie abgedeckt 2 Stunden gehen lassen. Den Teig in vier gleich große Stücke teilen und zu runden Broten ausformen. Diese auf einer bemehlten Arbeitsfläche ca. 5-10 Minuten gehen lassen. Die Brote auf den bemehlten Backschieber legen, in den Ofen schießen und backen.

Für eine rustikale Kruste die Brote mit dem Schluss nach oben in den Ofen schießen.

Zutaten für 4 Sternbrote:

2000 g	Weizenmehl 550
10 g	Weizensauerteig getrocknet
40 g	Hefe
40 g	Salz
40 ml	Olivenöl
1280 ml	Wasser (kalt)

Sternbrot

Die Zutaten in die Knetmaschine geben und 8 Minuten zu einem glatten, feinen Teig verarbeiten. Den Teig mit einer Gärfolie abgedeckt ca. 70 - 80 Minuten ruhen lassen. Danach vier Teigstücke à 650 g und vier à 200 g abwiegen und zu runden Ballen formen. Anschließend 15 Minuten zugedeckt ruhen lassen und danach aufarbeiten wie rechts beschrieben.

 Im **Häussler** Holzbackofen:
Bei 270° C einschießen.
Backzeit 35-40 Minuten.

Im **Häussler** Elektro-Steinbackofen:
Oberhitze 270° C, Unterhitze 180° C.
Nach dem Einschießen Ofen ausschalten und 35-40 Minuten backen.

Im Haushaltsbackofen:
Bei 240° C einschießen.
Backzeit 35-40 Minuten.

Tipp:

Erhältlich in unserem Online Shop unter:
www.backdorf.de

Eine Teigportion zu 650 g und eine zu 200 g auf der bemehlten Arbeitsfläche bereitlegen.

Den 200 g-Ballen mit dem Wellholz dünn und rund ausrollen. (ca. Ø 20 cm)

Anschließend die Mitte mit etwas Öl bestreichen und ...

... den Rand mit Wasser besprühen.

Den 650 g Ballen flachdrücken, so dass er ebenfalls ca. Ø 20 cm hat.

Diese Portion mittig auf die kleine Portion legen.

Den Sternbrotdrücker fest durch den Teig drücken.

Alle sechs Spitzen nacheinander nach außen klappen, ...

... so dass ein Stern entsteht.

Auf ein Lochblech mit Dauerbackfolie legen und leicht mit Mehl bestäuben.

Jeden Zacken mit einem Messer zweimal einschneiden und abgedeckt ca. 40 Minuten gehen lassen.

Anschließend die Sterne in den Ofen schieben und nach Anleitung backen.

Baguette

Weizensauerteig:

50 g	Häussler Baguettemehl T 65
50 ml	Wasser lauwarm
5 g	fertiger Roggensauerteig (Anstellgut)

Grießkochstück:

70 g	Hartweizengrieß
280 ml	Wasser (kochend)

Hauptteig:

350 g	Grießkochstück
105 g	Weizensauerteig
620 g	Häussler Baguettemehl T 65
20 g	Backmalz
ca. 180 ml	Wasser
5 g	Hefe
15 g	Salz

1. Tag:

Für den Weizensauerteig das Baguettemehl, das lauwarme Wasser sowie den Roggensauerteig vermischen und abgedeckt bei Raumtemperatur für etwa 18 Stunden stehen lassen. Anschließend für das Grießkochstück den Hartweizengrieß nach und nach mit dem Schneebesen in das kochende Wasser einrühren. Abkühlen und abgedeckt für 18 Stunden im Kühlschrank quellen lassen.

2. Tag:

Am nächsten Tag das Kochstück, den Weizensauerteig sowie die restlichen Zutaten (ohne Salz) in der 2 Gang-Teigknetmaschine ca. 10 Minuten langsam und weitere 5 Minuten schnell kneten. In der 1-Gang-Teigknetmaschine beträgt die Knetzeit ca. 18 Minuten. Für eine rustikale, unregelmäßige Porung das Salz erst 2 Minuten vor Knetende zugeben. Den Teig abgedeckt 30 Minuten ruhen lassen.

Im Häussler Holzbackofen:
Bei 270° C einschießen.
Backzeit 25-30 Minuten.

 Im Häussler Elektro-Steinbackofen:
Oberhitze 280° C, Unterhitze 180° C.
Backzeit 25-30 Minuten.

 Im Haushaltsbackofen:
Bei 230° C einschießen, nach 5 Minuten
auf 210° C zurück schalten
Backzeit: 25-30 Minuten

Anschließend in 3 Portionen zu je
420 g abwiegen. Die Teiglinge auf
ca. 15 cm Länge vorrollen und nach
einer kurzen Entspannungszeit von
etwa 1 Minute zum Baguette ausrollen (Länge etwa 40 cm). Dabei die
Enden leicht spitz ausformen. Die
fertigen Teiglinge in Hartweizengrieß
rollen und in einer Gärbox zwischen
Bäckerleinen einschlagen. Mit Gärfolie
abdecken und für 30 Minuten in den
Gefrierschrank stellen. Anschließend
über Nacht im Kühlschrank ruhen
lassen.

3. Tag:
Die Baguettes auf ein mit Dauerbackfolie belegtes Blech legen und dort
abgedeckt weitere 45-60 Minuten
ruhen lassen. Vor dem Backen mit
einem Baguetteritzmesser schräg
einschneiden.

Unser Tipp:

**Original französisches
Baguettemehl T65**
Für knusprig, luftige Baguettes
mit leicht süßlicher Krume.
Aus französischem Weizenmehl T 65.

Erhältlich in unserem Online Shop unter:
www.backdorf.de

Zutaten für 4 Brote:

Dinkel-Vollkornbrot

Vorteig:

500 g	Dinkelvollkornmehl
500 g	Wasser
30 g	Hefe

Autolyse-Teig:

1000 g	Dinkelvollkornmehl
350 g	Classic Mischung
	(Leinsaat, Sonnen-
	blumenkerne, Sesam)
30 g	Salz
30 ml	Apfelessig
30 g	Honig
600-700 ml	Wasser

4 Kastenformen 21 x 10 x 7 cm

Die Zutaten für den Vorteig mit einem Kochlöffel gut verrühren und für ca. 4-5 Stunden reifen lassen.

Den Autolyse Teig mit der Häussler Teig-knetmaschine 7 Minuten langsam kneten. Anschließend für 4-5 Stunden quellen lassen.
Den Vorteig zum Autolyse Teig dazu geben und für weitere 5 Minuten gut auskneten. Eventuell noch Wasser dazugeben. Dann den Teig 30-45 Minuten ruhen lassen und zu 600 g Broten ausformen. Diese 30-45 Minuten in der Form abgedeckt gehen lassen. Anschließend in der Form backen.

Im Häussler Holzbackofen:
Bei 270° C einschießen.
Backzeit 45-50 Minuten.

Im Häussler Elektro-Steinbackofen:
Oberhitze 280° C,
Unterhitze 190° C
Backzeit 45-50 Minuten.

Im Haushaltsbackofen: Bei 250° C einschießen und nach 10 Minuten auf 210° C zurückschalten. Danach 35-40 weitere Minuten backen.

Zutaten für 3 Brot:

800 g	Weizenmehl 550
60 g	Butter
20 g	Backmalz
15 g	Salz
20 g	Hefe
500 ml	Milch

etwas lauwarme Milch
zum Bestreichen

3 Kastenformen 21 x 10 x 7 cm

Im Häussler Holzbackofen:
Bei 200° C einschießen.
Backzeit ca. 40 Minuten.

Im Häussler Elektro-Steinbackofen:
Oberhitze 230° C,
Unterhitze 150° C.
Backzeit ca. 40 Minuten.

Im Haushaltsbackofen:
Bei 190° C einschießen.
Backzeit ca. 40 Minuten.

Feines Milchbrot mit Butter

Alle Zutaten in einer Häussler Teigknetmaschine 8 Minuten zu einem elastischen
Teig kneten. Den Teig in eine Schüssel
legen und abgedeckt ca. 45 Minuten ruhen
lassen, bis er sein Volumen verdoppelt
hat. Drei Kastenformen für 500 g-Brote
ausfetten, den Teig in drei Stücke teilen,
zu länglichen Rollen formen und diese in
die Kastenformen legen.
Abgedeckt ca. 1 Stunde gehen lassen,
bis der Teig über den Rand der Form ragt.
Die Brote mit lauwarmer Milch bestreichen, oben der Länge nach ca. 1 cm tief
einschneiden und backen bis die Kruste
goldbraun ist.

Tiroler Vinschgerl

Zutaten für ca. 15 Vinschgerl:

Vorteig:

1000 g	Roggenmehl 1150
1100 ml	Wasser
10 g	Hefe

Hauptteig:

1000 g	Dinkelmehl 1050
500 ml	Wasser
40 g	Salz
15 g	Brotklee
20 g	Häussler-Brotgewürz
	oder 15 g Fenchel
	und 10 g Kümmel

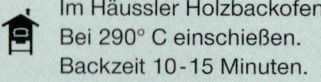 Im Häussler Holzbackofen:
Bei 290° C einschießen.
Backzeit 10 - 15 Minuten.

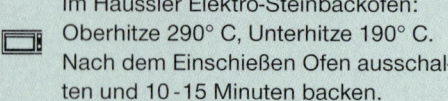 Im Häussler Elektro-Steinbackofen:
Oberhitze 290° C, Unterhitze 190° C.
Nach dem Einschießen Ofen ausschal-
ten und 10 - 15 Minuten backen.

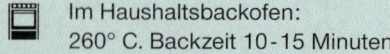 Im Haushaltsbackofen:
260° C. Backzeit 10 - 15 Minuten.

Zubereitung Vorteig:

Alle Zutaten mit der Häussler Teigknetmaschine miteinander vermengen und
6-12 Stunden ruhen lassen. Für ein
mildes Aroma kann der Teig bei warmer
Temperatur 6 Stunden geführt werden,
bei 12-stündiger kühler Ruhe wird das
Aroma intensiver.

Zubereitung Teig:

Dinkelmehl, Wasser, Salz und gemahlene
Gewürze mit dem Vorteig in der Teigknetmaschine 8 Minuten kräftig durchkneten,
danach den Teig ca. 1 Stunde ruhen
lassen.

Mit bemehlten Händen runde Fladen
von etwa 100 g formen und als Paar
oder einzeln auf ein mit Dauerbackfolie
belegtes Blech setzen. Dabei muss man
berechnen, dass der Teig beim Backen
noch etwas auseinander laufen wird.
Die Vinschgerl mit Mehl bestäuben und
nach einer Teigruhe von 30-40 Minuten
einschießen.

Anleitung

Die Hände gut bemehlen.

Mit der Hand einen runden Fladen aus dem Teig stechen.

Man sieht auf dem Teigling die schöne Maserung vom Mehl.

Den Teig auf ein mit Dauerbackfolie belegtes Blech legen.

Zutaten für 40-50 Grissini:

1000 g	Weizenmehl 550
25 ml	Olivenöl
600 ml	Wasser
20 g	Salz
20 g	Hefe
15 g	Backmalz
10 g	Pizzagewürz
180 g	getrocknete Tomaten

Unser Tipp:

Statt den getrockneten Tomaten können Sie auch 20 g getrockneten Rosmarin, 20 g Kräuterbuttergewürz oder 20 g gehackten Bärlauch verwenden.

Grissini

Alle Zutaten, bis auf die getrockneten Tomaten, in der Teigknetmaschine intensiv ca. 12 Minuten zu einem geschmeidigen Teig kneten. Zum Schluß die grob zerkleinerten Tomaten vorsichtig ca. 1 Minute unterkneten.

Den Teig 1-2 Stunden kühl ruhen lassen. Danach in ca. 30 g schwere Portionen teilen und zu 20-25 cm langen Stangen rollen. Auf ein mit Dauerbackfolie belegtes Blech legen und nochmals 20-30 Minuten gehen lassen. Nach Anleitung backen.

Im Häussler Holzbackofen:
Bei 260°-270° C einschießen.
Backzeit 10-15 Minuten.

Im Häussler Elektro-Steinbackofen:
Oberhitze 280° C, Unterhitze 190° C.
Nach dem Einschießen Ofen ausschalten und 10-15 Minuten backen.

Im Haushaltsbackofen:
240° C. Backzeit 10-15 Minuten.

Unser Tipp:

Grissini Torinesi

Diese traditionellen Grissini sind an ihrer typischen verdrehten Form zu erkennen und werden von Hand geformt. Einfach mal ausprobieren! Die Grissini können auch in Saaten wie Leinsamen, Sesam oder Mohn gewälzt oder mit Käse bestreut werden.

Dinkelknauzen

1000 g	Dinkelmehl 630 oder
	je 500 g Dinkelmehl 630
	und Weizenmehl 550
20 g	Salz
5-10 g	Hefe
ca. 700 ml	kaltes Wasser
	Streumehl
	(zum Bestreuen)

Alle Zutaten in der Häussler Teigknetmaschine 8-10 Minuten zu einem glatten
und glänzenden Teig kneten.
Danach den abgedeckten Teig im Kühlschrank oder in einem sehr kühlen Raum
(ca. 10° C) über Nacht in einer ausreichend
großen Schüssel ruhen lassen.
Aus dem Teig 100 g schwere Knauzen
formen und sofort in den Ofen geben.

<u>Wichtig:</u>
Werden die Knauzen direkt auf dem Stein
gebacken, den Boden der Knauzen mit
Streumehl bestreuen damit sie nicht kleben
bleiben.

Im Häussler Holzbackofen:
Bei 270° C einschießen.
Backzeit 15 Minuten.

Im Häussler Elektro-Steinbackofen:
Oberhitze 280° C, Unterhitze 190° C.
Nach dem Einschießen Ofen aus-
schalten und 15 Minuten backen.

Im Haushaltsbackofen:
250° C. Backzeit 15 Minuten.

Dinkelbrötchen

Zutaten für ca. 25 Brötchen:

Quellstück:

150 g	Dinkelvollkornmehl
50 g	Sonnenblumenkerne
50 g	Leinsaat
50 g	Sesam
300 ml	Wasser

Teig:

850 g	Dinkelmehl 630
20 g	Salz
20 g	Backmalz
30 g	Butter
20 g	Hefe
600 g	Quellstück
300-350 ml	Wasser
	Mohn, Sesam, Sonnenblumenkerne

Die Zutaten für das Quellstück mit 300 ml Wasser übergießen, miteinander verrühren und mindestens 5 Stunden quellen lassen.

Anschließend die Zutaten für den Teig mit dem Quellstück in die Knetmaschine geben und 11 Minuten zu einem glatten Teig verarbeiten. Den Teig mit einer Gärfolie abgedeckt 30 Minuten ruhen lassen. Danach die Teiglinge zu je 70 g abwiegen und zu runden Ballen wirken. Die Brötchen von beiden Seiten mit einem feuchten Tuch befeuchten und mit der unteren Seite in Sonnenblumenkerne, mit der oberen Seite in einer Mohn-Sesammischung wälzen.

Die Brötchen auf ein Lochblech mit Dauerbackfolie setzten und leicht flach drücken. Abgedeckt etwa 1 Stunde ruhen lassen. Bevor die Brötchen in den Ofen kommen, werden sie mit einem Wassersprüher gut befeuchtet.

Im Häussler Holzbackofen:
Bei 270° C einschießen.
Backzeit 18 Minuten.

 Im Häussler Elektro-Steinbackofen:
Oberhitze 270° C, Unterhitze 170° C.
Nach dem Einschießen Ofen aus-
schalten und 18 Minuten backen.

 Im Haushaltsbackofen:
210-230° C. Backzeit 18-20 Minuten.

Anleitung

70 g Stücke abwiegen und
zu Brötchen rundwirken.

Teiglinge von beiden Seiten
mit Hilfe eines mit Wasser ge-
tränkten Tuches befeuchten.

Die untere Seite in Sonnen-
blumenkernen wälzen.

Die oberre Seite in Mohn-
Sesam wälzen.

Auf ein mit Dauerbackfolie
belegtes Lochblech legen
und leicht flach drücken.

Zutaten für ca. 20 Laugenbrezeln:

1000 g	Weizenmehl 550
	oder Dinkelmehl 630
30 g	Backmalz
20 g	Salz

Statt obigen Zutaten kann auch Adelindes Brezel-Brötchenmehl verwendet werden.

80 g	Schweineschmalz
	oder Butter
20 g	Hefe
550 ml	Wasser (eiskalt)
	Brezellauge
	Brezelsalz

Im Häussler Holzbackofen:
Bei 250° C einschießen.
Backzeit 12-15 Minuten.

Im Häussler Elektro-Steinbackofen:
Oberhitze 270° C, Unterhitze 170° C.
Nach dem Einschießen Ofen aus-
schalten und 12-15 Minuten backen.

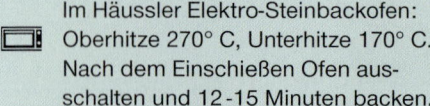
Im Haushaltsbackofen:
210° C. Backzeit 12-15 Minuten.

Herzhafte Laugenbrezeln

Alle Zutaten in der Teigknetmaschine 8 Minuten zu einem festen und glatten Teig verkneten. Den Teig mit einer Gärfolie abgedeckt 5 Minuten ruhen lassen. Danach Teigstücke zu ca. 80 g abwiegen und zu kurzen Strängen ausrollen. Die Brezeln formen (siehe Anleitung) und abgedeckt mit Gärfolie ca. 45 Minuten gehen lassen. Für weitere 20 Minuten ohne Gärfolie in den Kühlschrank oder ins Gefrierfach stellen.

Anschließend die Brezeln mit dem Belaugungsgerät belaugen. Dazu die Brezelteiglinge umgekehrt in die verdünnte Lauge legen und zum Abtropfen das Gitter mit dem Hebel umlegen und kurz abtropfen lassen. Die Brezeln liegen nun auf dem Gitterschießer und können berührungsfrei auf ein mit Dauerbackfolie belegtes Backblech geschoben werden. Mit einem Messer einschneiden, mit Salz oder Käse bestreuen und sofort backen.

Tipp:
Für knackige Boden können die Brezeln auch direkt auf der Folie, ohne Blech, gebacken werden.

Anleitung

Teigstücke abwiegen, zu kurzen Strängen ausrollen und aneinander setzen.

Mit den Händen zuerst einen langen dünnen Strang ausrollen.

Die beiden Enden ...

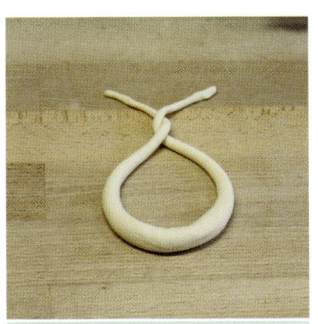

... verdrehen.

Anschließend die beiden Enden festdrücken.

Vorsichtig auseinanderziehen. Nach Anleitung gehen lassen.

Brezelteiglinge umgekehrt in die verdünnte Lauge hineinlegen.

Zum Abtropfen das Gitter mit dem Hebel umlegen.

Mit dem Messer einschneiden und mit Salz bestreuen.

Zutaten für ca. 20 Brötchen:

1000 g	Weizenmehl 550
30 g	Backmalz
20 g	Salz

Statt obigen Zutaten kann auch Adelindes
Brezel-Brötchenmehl verwendet werden.

30 g	Butter
30 g	Hefe
550 ml	Wasser (eiskalt)

Nach Geschmack:

Mohn

Sesam

Geriebener Käse

Im Häussler Holzbackofen:
bei 260° C einschießen.
Backzeit 18-22 Minuten.

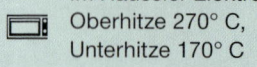
Im Häussler Elektro-Steinbackofen:
Oberhitze 270° C,
Unterhitze 170° C
Backzeit 18-22 Minuten

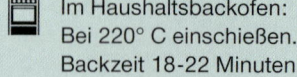
Im Haushaltsbackofen:
Bei 220° C einschießen.
Backzeit 18-22 Minuten.

Krosse Brötchen

Zutaten in der Knetmaschine ca. 10 Minuten
zu einem glatten Teig kneten. Teig in 70-80 g
schwere Teigportionen abwiegen. Mit der
Hand rund wirken um eine glatte Teigoberfläche zu erhalten. Teiglinge auf einer bemehlten Oberfläche abgedeckt für ca. 15-30
Minuten ruhen lassen. Nun die Portionen mit
Speisestärke bestreuen. Dies bewirkt, dass
das Muster, man sagt auch Ausbund dazu,
nicht verklebt und nach dem Backen sichtbar
bleibt. Teiglinge kräftig mit dem Brötchendrücker eindrücken. Man sollte ihn spüren aber
nicht komplett durchdrücken. Brötchen mit
dem Ausbund nach unten in eine mit Fließ
ausgelegten Gärbox legen. Im Idealfall lässt
sich die Musterung auch auf der Rückseite
erahnen.

Für Brötchen mit Streuung, die Brötchen
befeuchten und in die Saat drücken und
wieder mit dem Ausbund nach unten in
die Gärbox setzten. Nun abgedeckt für ca.
45-60 Minuten ruhen lassen. Nach der Gare
vorsichtig drehen und auf ein Backblech mit
Dauerbackfolie setzen, mit einer Sprühflasche
gut befeuchten und für ca 18-22 Minuten
goldgelb backen.

Anleitung

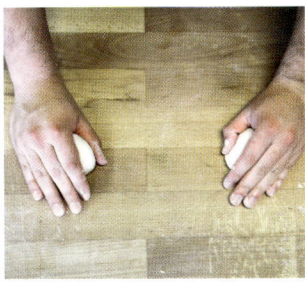

Den Teig in Portionen abwiegen und mit der Hand rund wirken um eine glatte Teigoberfläche zu erhalten.

Auf einer bemehlten Oberfläche abgedeckt für ca. 15-30 min ruhen lassen. Nun mit Speisestärke bestreuen.

Teiglinge kräftig mit dem Brötchendrücker eindrücken. Man sollte ihn spüren aber nicht komplett durchdrücken.

Die Speisestärke bewirkt, dass das Muster, man sagt auch Ausbund dazu, nicht verklebt und sichtbar bleibt.

Brötchen mit dem Ausbund nach unten in eine mit Fließ ausgelegten Gärbox legen.

Vor der Gare Brötchen befeuchten und in die Saaten drücken.

Die Musterung sollte gut sichtbar sein.

Mit dem Ausbund nach unten in die Gärbox setzen. Abgedeckt für ca. 45-60 Minuten ruhen lassen.

Brötchen vorsichtig drehen, auf ein Backblech mit Dauerbackfolie setzen, mit einer Sprühflasche gut befeuchten und backen.

Partyrad

1000 g	Weizenmehl 550
20 g	Backmalz
20 g	Salz

Statt obigen Zutaten kann auch Adelindes Brezel-Brötchenmehl verwendet werden.

30 g	Butter
30 g	Hefe
550 ml	Wasser

<u>Nach Geschmack:</u>

Leinsamen, Sesam, Mohn, Sonnenblumenkerne, Haferflocken und geriebener Käse

Mehl, Butter, Hefe, Backmalz, Salz und kaltes Wasser in der Knetmaschine ca. 10 Minuten zu einem glatten Teig kneten. Anschließend den Teig in Portionen zu 60 g abwiegen und diese mit der Hand rund wirken.

Die Teiglinge mit der Oberseite in ein nasses Tuch und danach in die Saaten drücken. Auf einem mit Backfolie belegten Lochblech nach Legemuster legen.

Anschließend mit Gärfolie abdecken und 30 Minuten gehen lassen. Dann die Brötchen ca. 20-25 Minuten goldgelb backen.

Im Häussler Holzbackofen:
Bei 270° C einschießen.
Backzeit 18-20 Minuten.

Im Häussler Elektro-Steinbackofen:
Oberhitze 270° C, Unterhitze 170° C.
Nach dem Einschießen Ofen ausschalten und 18-20 Minuten backen.

Im Haushaltsbackofen:
250° C. Backzeit 18-20 Minuten.

Anleitung

Zutaten verkneten.

Portionen rund wirken.

Auf nasses Tuch drücken.

In die Saaten drücken ...

... und auf ein mit Backfolie belegtes Blech legen. Legemuster frei nach Phantasie.

Abstand von 1 cm beachten, da die Teiglinge beim Backen aufgehen.

Ideen für Legemuster

Blume

Kranz

Traube

Zutaten für
15-20 Pizzaschnecken:

1000 g	Weizenmehl 550
	oder 405
560 ml	Wasser
10 g	Hefe
50 ml	Olivenöl
20 g	Salz

Füllung:

150 g	gestückelte Tomaten
	aus der Dose
1 EL	Pizzagewürz
200 g	Schinken
150 g	geriebener Käse
	(z.B. Emmentaler)
	Salz & Pfeffer

Pizzaschnecken

Alle Zutaten für den Teig in die Häussler Teigknetmaschine geben und ca. 13-15 Minuten kneten lassen. Danach den Teig in eine Gärbox legen, etwas flach drücken und abgedeckt im Kühlschrank über Nacht ruhen lassen.

Zur leichteren Verarbeitung sollten Sie den Teig am darauf folgenden Tag in 3 Stücke à 550 g teilen, leicht bemehlen und dünn ausrollen. Die Tomaten mit den Gewürzen abschmecken und den Schinken in feine Würfel schneiden. Anschließend die Tomaten, den Schinken und den Käse gleichmäßig auf dem Teig verteilen.
Den Teig zu einer Schnecke aufrollen. Damit die Rolle zusammen hält, das untere Ende mit Wasser bestreichen und leicht andrücken. Nun ca. 2 cm dicke Stücke abschneiden und auf ein Backblech legen. Nochmals 30-40 Minuten gehen lassen und anschließend backen.

Im Häussler Holzbackofen:
Bei 250° C einschießen.
Backzeit 18-20 Minuten.

 Im Häussler Elektro-Steinbackofen:
Oberhitze 260° C, Unterhitze 170° C.
Nach dem Einschießen Ofen aus-
schalten und 18-20 Minuten backen.

 Im Haushaltsbackofen:
160° C. Backzeit 18-20 Minuten.

Tipp:

Die Füllung kann ganz nach Ihrem
Geschmack variiert werden.
Sie können die Füllung mit Ananas-
stücken oder Pilzen verfeinern. Statt
Schinken eignet sich auch Salami oder
Fisch (z.B. Lachs, Thunfisch). Ihrer
Kreativität sind keine Grenzen gesetzt!

Anleitung

Teig abgedeckt im Kühl-
schrank über Nacht lagern.

Den Teig leicht bemehlen
und dünn ausrollen.

Tomaten mit den Gewürzen
gleichmäßig auf dem Teig
verstreichen.

Schinkenwürfel und Käse
auf dem Teig verteilen.

Unter Spannung den Teig
aufrollen und das untere
Ende mit Wasser bestreichen.

2 cm dicke Stücke schnei-
den und auf ein Backblech
legen.

Zutaten für 10-12 Armadillo-Eggs:

1000 g	Hackfleisch gemischt
25 Scheiben	Frühstücksspeck
250 g	Cheddar Käse
	evtl. 10 Jalapeño

Gewürzmischung für Fleisch:

Salz

Pfeffer

Rosenpaprika

1 Zwiebel, fein gehackt

 Im **Häussler** Holzbackofen:
Bei 230-250° C einschießen.
30-40 Minuten braten.

 Im **Häussler** Elektro-Steinbackofen:
Oberhitze 250° C, Unterhitze 190° C.
Nach dem Einschießen Ofen aus-
schalten und 30-40 Minuten braten.

Armadillo-Eggs

Den Käse in kleine Würfel schneiden.
Das gewürzte Hackfleisch in „Ei-Form"
bringen und Käsewürfel in die Mitte
drücken. Mit 2-3 Scheiben Frühstücks-
speck umwickeln.

Alternativ die Jalapeños aushöhlen und
mit dem Cheddar füllen. Die gefüllten
Jalapeños mit Hackmasse gleichmäßig
ummanteln und mit zwei Scheiben
Speck einwickeln.

Den Holzbackofen aufheizen und die
fertig gewickelten „Eier" in einen Bräter,
oder auf ein Blech legen. Diese müssen
nicht geölt werden, da der Speck genug
Fett abgibt.

Die Tiroler-Soße von Seite 35 passt
super zu den Armadillo-Eggs.

Zutaten für 4-6 Personen:

1 kg   Roastbeef am Stück
(z.B. Charoluxe)

Gewürzmischung:

Senfkörner
Salz & Pfeffer
Paprika edelsüß
Knoblauchpulver
2 EL   brauner Zucker

 Im **Häussler** Holzbackofen:
Bei 110-120° C einschießen.
Garzeit 2 Stunden.

 Im **Häussler** Elektro-Steinbackofen:
Oberhitze 120° C, Unterhitze 100° C.
Nach dem Einschießen Ofen aus-
schalten und 2 Stunden braten.

Niedertemperatur Roastbeef

Das Roastbeef mit der Gewürzmischung einreiben und über Nacht kühl stellen. Am nächsten Tag 2 Stunden vor dem Zube-reiten aus dem Kühlschrank nehmen. Das Roastbeef auf einen Rost legen (am besten in einen Bräter, damit der Fleischsaft nicht auf die Schamottesteine tropft) und auf die gewünschte Kerntemperatur von 50-52° C bringen (Dauer ca. 2 Stunden, schön rosa).

Das Fleisch aus dem Backofen nehmen und für 15-20 Minuten in Alufolie gewickelt ruhen lassen (am besten in einer Thermo-box). Dünn aufgeschnitten, mit frischen See-len aus dem Holzbackofen, ein Hochgenuss!

Wichtig:
Die Temperatur des Ofens darf nicht über 140° C sein, da sonst der Zucker verbrennt und bitter wird!

Zutaten für 2 Hähnchen:

2		frische Hähnchen je 1200 g
1	TL	Salz, Pfeffer
1	EL	Paprikapulver
1	EL	Senf
1	EL	Tomatenmark
1	TL	Honig
3	EL	Olivenöl
500	ml	Bier
2		Hähnchenhalter

Beer-Can-Chicken

Die Hähnchen auswaschen und mit einem Küchenpapier abtupfen.
Olivenöl mit Salz, Pfeffer, Paprikapulver, Tomatenmark, Honig und Senf vermengen und die Hähnchen damit einreiben.
Das Bier auf die beiden Hähnchenhalter verteilen. Die Hähnchen daraufsetzen und in den Backofen schieben.

Beilagenvorschlag: Mit Pilzen gefüllte Tomaten und ofenfrisches Baguette.

 Im **Häussler** Holzbackofen:
Bei 270° C einschießen.
90 Minuten braten.

Im **Häussler** Elektro-Steinbackofen:
Oberhitze 260° C, Unterhitze 180° C.
Nach dem Einschießen Ofen ausschalten und 90 Minuten braten.

Tipp:

Den passenden Hähnchenhalter finden Sie in unserem Katalog oder im Online Shop unter:
www.backdorf.de

Zutaten für 4 Personen:

4	Rinderlenden- oder Rinderfiletsteaks (je 180 g, etwa 3 cm dick)
2 Zweige	Rosmarin
2 EL	Pfefferkörner
4 EL	Olivenöl
4 TL	Honig
	Salz

 Im **Häussler** Holzbackofen:
Bei 360° C einschießen.
8-10 Minuten braten.

 Im **Häussler**
Elektro-Steinbackofen:
Oberhitze 320° C, Unterhitze
230° C. Nach dem Einschießen
Ofen ausschalten und 8-10
Minuten braten.

Rosmarin Pfeffersteak

Den Rosmarin waschen, trockenschütteln und die Nadeln von den Zweigen streifen. Die Pfefferkörner mit dem Mörser grob zerstoßen. Beides mit Öl, Honig und Salz zu einer Marinade verrühren.

Die Steaks trockentupfen, von allen Sehnen befreien, eventuelle Fettränder im Abstand von 3-4 cm einschneiden. Die Steaks mit der Marinade einreiben und abgedeckt im Kühlschrank über Nacht ziehen lassen.

Die Tonschalen im Backofen etwa 10 Minuten gut vorwärmen. Anschließend etwas Öl in die Tonschale geben, die Steaks hinein legen und für 8-10 Minuten in den Ofen schieben.

Als Beilage eignen sich vorgegarte, heiße Kartoffeln. Diese zum Steak in die Schale legen und mitbacken.

Nach dem Backen mit Kräuterquark anrichten und servieren.

Barbecue-Ribs

4	Rippchen zu je ca. 700 g (Baby Back Ribs)

Sauce:

2 Tassen	Orangensaft
4 EL	Worcestershire-Sauce
4 EL	Balsamico-Essig
6 Zehen	Knoblauch
10 dünne	Scheiben Ingwer
6 EL	Zuckerrübensirup
2 TL	Zimt
6 EL	Honig
4 TL	Tabasco

Gewürzmischung:

1 TL	Knoblauchgranulat
1 ½ EL	Salz
5 EL	brauner Zucker
1 TL	Chiliflocken
1 TL	getr. Thymian
1 TL	Pfeffer

Das Fleisch waschen und trocken tupfen. Die Silberhaut der Rippchen mit einem scharfen Messer vorsichtig entfernen und die Rippchen in vier Teile schneiden. Die Zutaten für die Gewürzmischung vermischen und das Fleisch damit würzen.

Nun die Zutaten für die Sauce in einen Topf geben und erwärmen. Je zwei Fleischstücke (Fleischseite nach oben) dicht auf ein Stück Alufolie legen und mit der erwärmten Sauce übergießen.

Die Alu-Päckchen sehr gut verschließen, damit keine Flüssigkeit auslaufen kann. Für 2 Stunden im Holz- oder Elektro-Steinbackofen garen lassen.

Nun die Rippchen aus der Alufolie auspacken. Dabei unbedingt die Sauce auffangen!

Diese zusammen mit dem Fleischsaft in einen Kochtopf geben und bis zur gewünschten Konsistenz einkochen. Die Barbecue-Ribs mit der Fleischseite nach oben in einen Bräter geben und ca. 1 Stunde im Holz- oder Elektro-Steinbackofen braten.

Während dieser Zeit die Rippchen 2-4 mal mit der eingekochten Sauce bestreichen. Dazu passen zum Beispiel Ofenkartoffeln, frisch gebackenes Holz-ofenbrot oder Baguette!

 Im **Häussler** Holzbackofen:
1. Garzeit:
Bei 120° C einschießen.
2 Stunden garen.

2. Garzeit:
Bei 100-110°C einschießen.
1 Stunde garen.

Im **Häussler** Elektro-Steinbackofen:
1. Garzeit:
Oberhitze 120° C, Unterhitze 100°C.
Nach dem Einschießen Ofen aus-schalten und 2 Stunden garen.

2. Garzeit:
Oberhitze 120° C, Unterhitze 100°C.
Nach dem Einschießen Ofen aus-schalten und 2 Stunden garen.

Wussten Sie schon ...

... dass man im Holzbackofen perfekt grillen kann?

Erleben Sie die beste Art zu grillen - wie die Profis! Der Grillschwenkarm für Ihren Holzbackofen ermöglicht sauberes und bequemes Grillvergnügen. So einfach geht's: Ofen aufheizen, Glut verteilen, Grillschwenk-arm einhängen, das Grillgut auflegen, in den Ofen schwenken - fertig! Alles wird innerhalb kürzester Zeit durchgegart, knusprig braun und herrlich saftig! Für Würstchen, Fleisch-spieße, Steaks, Gemüse und vieles mehr. Zur leichten Reinigung kann der Auflagerost ausgehängt werden.

Erhältlich im Katalog oder im Online-Shop unter:
www.backdorf.de

Zutaten für 8 Burger:

Fleischküchle:

500 g	Putenbrust oder Hähnchenbrustfilet
2	Eier
1	Knoblauchzehe
2 kleine	Zwiebeln
	etwas frische Petersilie
1 TL	Salz
1 TL	Pfeffer
2 TL	Senf
6 EL	Semmelbrösel
	etwas Raps- oder Sonnenblumenöl

Curry-Dip:

200 g	Schmand
½ TL	Salz
1 ½ TL	Currypulver

Putenburger mit Curry Dip

Fleischküchle:

Das Puten- oder Hähnchenbrustfilet waschen und trocken tupfen. Fleisch im Mixer leicht zerhacken. Zwiebeln in feine Würfel schneiden, Knoblauchzehe pressen, Petersilie fein hacken und alle Zutaten außer dem Öl mit dem Fleisch vermengen. Mit nassen Händen 8 Fleischküchle formen.
Nun eine Pfanne, Auflaufform oder ein Backblech im Backofen 15 Minuten vorwärmen. Mit dem Öl benetzen und die Fleischküchle in der Pfanne/Auflaufform im Backofen von jeder Seite jeweils ca. 7 Minuten knusprig anbraten (je nach Dicke). Da es sich um Geflügel handelt, bitte darauf achten, dass die Frikadellen auch wirklich gar sind!

Curry Dip:

Alle Zutaten vermengen und verrühren.

Hamburger-Brötchen:

Die Zutaten für etwa 10 Minuten in der Teigknetmaschine zu einem glatten Teig kneten. Diesen dann ca. 20-30 Minuten ruhen lassen. Anschließend den Teig in 90 g schwere Portionen abteilen und rund wirken. Es sollte eine glatte Oberfläche entstehen.
Die Teiglinge auf ein mit Dauerbackfolie belegtes Backbleck legen und etwas flach drücken. Die Teiglinge noch ca. 1 Stunde bei Raumtemperatur ruhen lassen.
Vor dem Backen die Brötchen mit einer Mischung aus Ei und Milch abstreichen und mit Sesam bestreuen.

Zutaten für 10 Hamburger-Brötchen:

50 g	Weizenmehl 550
1	Ei
35 g	Zucker
10 g	Salz
15 g	Hefe
240 ml	Milch
75 g	Butter (nach und nach zugeben)

Fertigstellung:

Die Hamburger-Brötchen halbieren und mit der Currysoße bestreichen. Je nach Geschmack mit Salat, Gewürzgurken, Zwiebeln usw. belegen, das Fleischküchle darauflegen, zuklappen und genießen!

 Im **Häussler** Holzbackofen:
Fleisch:
Bei 320° C einschießen.
14 Minuten braten.

Brötchen:
Bei 220°C einschießen.
Backzeit 15 Minuten.

 Im **Häussler** Elektro-Steinbackofen:
Fleisch:
Oberhitze 320° C, Unterhitze 240° C.
14 Minuten braten.

Brötchen:
Oberhitze 230° C, Unterhitze 170° C.
Backzeit 15 Minuten.

Soßenalternative Tirolersoße:

1 Tube	Tomatenmark
2 EL	Mayonnaise
2 EL	Saure Sahne (10 % Fett)
1	rote, fein gehackte Zwiebel
2 EL	Rotweinessig
1 TL	Senf
	Salz, Pfeffer
	Paprikagewürz edelsüß

Alle Zutaten mischen.

Zutaten für 11 Brötchen:

500 g	Weizenmehl 550
10 g	Salz
20 g	Hefe
15 g	Backmalz
25 g	Butter
330 ml	Wasser
700 g	Fleischkäse in Scheiben
	je 2 cm stark

Nach Geschmack:

Sesam

Salz und Kümmel

geriebener Käse

Herzhaft gefüllte Brötchen

Alle Zutaten in der Häussler Teigknetmaschine zu einem geschmeidigen Teig kneten ca. 8 Minuten. Diesen Teig sofort im Anschluss in ca. 80 g schwere Portionen teilen und rund formen.

Die Leberkäsescheiben in 11 Stücke teilen. Die Teiglinge auf die doppelte Größe der Fleischkäsestücke flachdrücken und die Stücke darin einschlagen.

Auf ein mit Dauerbackfolie ausgelegtes Lochblech setzen, mit Gärfolie abdecken und an einem warmen Ort ca. 40 Minuten gehen lassen.

Vor dem Backen mit Wasser einsprühen und nach Wunsch mit Sesam, Salz und Kümmel oder Käse bestreuen.

 Im Häussler Holzbackofen:
Bei 280° C einschießen.
Backzeit 15 Minuten.

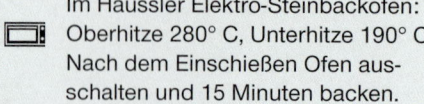 **Im Häussler Elektro-Steinbackofen:**
Oberhitze 280° C, Unterhitze 190° C.
Nach dem Einschießen Ofen ausschalten und 15 Minuten backen.

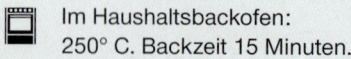 **Im Haushaltsbackofen:**
250° C. Backzeit 15 Minuten.

Anleitung

Den Teig in ca. 80 g schwere Portionen teilen und rund formen.

Die Portionen lang formen.

Portionen flachdrücken...

Fleischkäsewürfel darauflegen und in den Teig einschlagen.

Auf die Dauerbackfolie legen und 40 Minuten mit Gärfolie abgedeckt gehen lassen.

Anschließend mit Wasser besprühen und nach Geschmack bestreuen.

Wussten Sie schon, dass ...

Backmalz

Durch den Malzanteil im Backmalz bekommen Ihre Kleingebäcke, Weißbrote, Brötchen und Brezeln eine goldgelbe Farbe und ein volles Aroma. Das Gebäck erhält ein verbessertes Volumen und bleibt besonders lange knusprig.

Backmalz eignet sich zur Herstellung von röschen Kleingebäcken, Weißbrot, krossen Brötchen, Brezeln, Baguette und vielem mehr.

Auf 1 kg Mehl ca. 30 g Backmalz zugeben. Erhältlich als 500 g-Dose oder als 4 kg-Vorratspackung! Erhältlich im Katalog oder im Online-Shop unter **www.backdorf.de**

Zutaten für 4 Hefezöpfe:

1 kg	Häussler Zopfmehl
	oder
	Weizenmehl 550
400-450 ml	lauwarme Milch
40 g	Hefe
150 g	Zucker
1	Zitrone, Saft und Schale
5 g	Salz
2	Eier (Größe M)
60 g	Butter
60 g	Schweineschmalz
	oder Butter
1 Ei	zum Bestreichen

Hefezopf Grundrezept

Alle Zutaten in der Knetmaschine 10-12 Minuten zu einem homogenen Teig kneten.

Den Teig zugedeckt etwa 45 Minuten ruhen lassen und anschließend mit Hilfe der Flechtanleitungen in die gewünschte Form bringen.

Im **Häussler** Holzbackofen:
Bei 220° C einschießen.
Backzeit 30-40 Minuten.

Im **Häussler** Elektro-Steinbackofen:
Oberhitze 220° C, Unterhitze 130° C.
Nach dem Einschießen Ofen
ausschalten und 30-40 backen.

Im Haushaltsbackofen:
Bei 220° C einschießen.
Backzeit 30-40 Minuten.

Mozartzopf

Den Zopfteig nach Anleitung hersellen (Seite 38). Den Teig abdecken und eine Stunde ruhen lassen. Anschließend in 450 g schwere Portionen abwiegen. Jede Portion in zwei Teile teilen und zu jeweils 50 cm langen Strängen ausrollen. Die Stränge nach Anleitung flechten und auf ein mit Dauerbackfolie belegtes Backblech legen.

Vor dem Backen mit Ei bestreichen und nach Belieben mit Hagelzucker und Mandeln bestreuen. Nach der Backanleitung von Seite 38 goldbraun backen und genießen.

Die beiden Stränge über Kreuz legen.

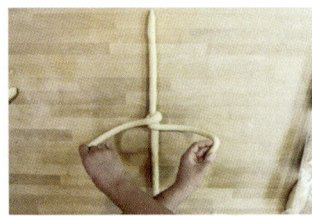

Den linken mit dem rechten Strang austauschen.

Den oberen mit dem unteren Strang austauschen.

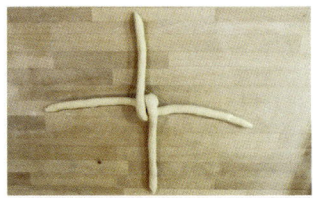

Dabei die Stränge immer eng zusammenlegen.

Dies wiederholen, bis der Zopf fertig ist.

Dabei immer die gleiche Reihenfolge beachten.

Nussfüllung für 4 Hefezöpfe:	
3	Eier
160 g	Marzipan
150 g	Zucker
400 g	Haselnüsse
20 g	Stärke
1 Prise	Zimt
100 g	Milch

Gefüllter Nusszopf

Den Zopfteig nach Anleitung herstellen (Seite 38). 450 g schwere Stücke abwiegen und zu rechteckigen Teigplatten mit ca. 50 x 30 cm ausrollen. Für die Nussfüllung die Eier nach und nach unter das Marzipan rühren. Die restlichen Zutaten verrühren und zu der Marzipanmasse geben. Füllung 4-5 Stunden ziehen lassen. Die Teigplatten gleichmäßig mit der Füllung bestreichen und aufrollen. Die Rolle längs halbieren und die beiden Teile ineinander verdrehen. Nach Wunsch in eine gefettete Kastenform geben oder ohne Form 30 Minuten ruhen lassen. Dann nach Backanleitung auf Seite 41 ausbacken. Anschließend mit Zuckerguss bestreichen und genießen.

Teig mit Füllung bestreichen, aufrollen und längs in der Mitte teilen.

Überkreuz verdrehen.

In eine gefettete Kastenform geben und nach 30 Minuten Ruhezeit backen.

Im **Häussler** Holzbackofen:
Bei 220° C einschießen.
Backzeit 30-40 Minuten.

Im **Häussler** Elektro-Steinbackofen:
Oberhitze 210° C,
Unterhitze 130° C.
Nach dem Einschießen Ofen
ausschalten und 30-40 backen.

Im Haushaltsbackofen:
Bei 220° C einschießen.
Backzeit 30-40 Minuten.

Geschnittener Nusszopf

Den Zopfteig nach Anleitung herstellen
(Seite 38). 450 g schwere Stücke abwiegen
und zu rechteckigen Teigplatten mit
ca. 50 x 30 cm ausrollen.
Die Zutaten für die Nussfüllung (Seite 40)
zu einer streichfähigen Masse verkneten.
Die Teigplatten gleichmäßig mit der Füllung
bestreichen und aufrollen. Mit einer Schere
alle 2 cm im 45° Winkel einschneiden und
abwechselnd die Teigstücke nach rechts
und links legen. Dann nach Backanleitung
ausbacken. Anschließend mit Zuckerguss
bestreichen und genießen.

Teig mit Füllung bestreichen, aufrollen und nach
Anleitung einschneiden.

Abwechselnd die Teigstücke nach links und
rechts legen.

Mit Ei bestreichen und nach
Anleitung backen.

Zutaten für ca. 40 Plätzchen:

150 g	Haferflocken (fein)
50 g	Leinsamen (geschrotet)
60 g	Mehl oder Vollkornmehl
½ TL	Backpulver
1	Ei
120 g	Zucker
150 g	Butter

Hafer-Brecherli

Haferflocken, Leinsamen, Mehl und Backpulver in der Teigknetmaschine gut vermischen.
Die Butter schaumig rühren, Zucker und Ei zugeben. Die Masse nun nach und nach mit den trockenen Zutaten vermengen. Mit einem Teelöffel kleine Portionen (haselnussgroß) abstechen und in kleinen Häufchen oder zu Kugeln gerollt auf ein mit Backpapier belegtes Blech setzen.

Achtung:
Nicht zu eng zusammensetzen, da die Kekse etwas auseinanderlaufen.

Tipp:
Das Rezept kann nach Belieben mit ½ TL Zimt, Vanillepulver oder Rumrosinen verfeinert werden.
Anstelle des Zuckers können Sie auch gerne Akazienhonig verwenden. Bitte verringern Sie dazu den Honig auf 80 g.

Im **Häussler** Holzbackofen:
Bei 220° C einschießen.
Backzeit 5-7 Minuten.

Im **Häussler** Elektro-Steinbackofen:
Oberhitze 220° C, Unterhitze 110° C.
Backzeit 5-7 Minuten.

Im Haushaltsbackofen:
Bei 220° C einschießen.
Backzeit 5-7 Minuten.

Flocker Felix

Pure Freude an frischen, vollwertigen Flocken

Der elektrische Flocker Felix quetscht mit seinen Edelstahlwalzen bis zu 80 g Getreide pro Minute zu frischen, leckeren Flocken. Auch Ölsaaten wie Leinsamen und Sonnenblumenkerne können gequetscht werden.

Weitere Informationen erhalten Sie unter www.backdorf.de oder per Telefon unter 0 73 71 / 93 77 - 0

Anleitung

Die Zutaten in der Teigknetmaschine gut vermengen.

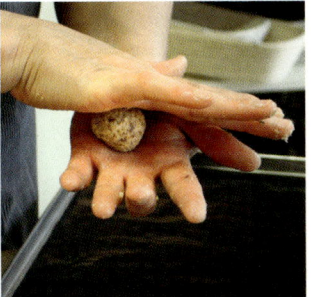

Haselnussgroße Portionen zu Kugeln rollen. Auf ein mit Dauerbackfolie belegtes Backblech setzen.

Die Kugeln auf dem Backblech flach drücken und nach Anleitung backen.

Vollkorn-Biskuitroulade

Zutaten für 1 Blech (40 x 60 cm):

Biskuitroulade:

7	Eier
200 g	Zucker
200 g	Vollkornmehl
	fein gemahlen

Füllung:

500 g	Früchte
	(z. B. Himbeeren,
	Erdbeeren)
400 ml	Sahne
250 g	Quark
5 Blatt	Gelatine
2 EL	Zucker

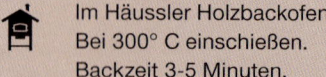
Im Häussler Holzbackofen:
Bei 300° C einschießen.
Backzeit 3-5 Minuten.

Im Häussler Elektro-Steinbackofen:
Bei Oberhitze 300° C,
Unterhitze 200° C einschießen.
Backzeit 3-5 Minuten.

Im Haushaltsbackofen:
Bei 240° C Umluft einschießen.
Backzeit 3-5 Minuten.

Zubereitung Teig:

Eier und Zucker in der Teigknetmaschine mit dem Rührwerk ca.18 Minuten schaumig rühren. Unter die Zucker-Ei-Masse das Vollkornmehl unterheben und auf ein mit Dauerbackfolie ausgelegtes Blech gleichmäßig ausstreichen. Dann nach Anleitung backen.

Zubereitung Füllung:

Die Früchte mit dem Zucker erwärmen und die eingeweichte Gelatine unterrühren. Unter diese lauwarme Masse den Quark rühren und die steif geschlagene Sahne unterheben. Die Quark-Sahne-Masse auf den Biskuit streichen, diese aufrollen und 3-4 Stunden kaltstellen.

Nach Belieben verzieren.

Zutaten für 1 Blech (40 x 60 cm):

Biskuitroulade:

4	Eier
95 g	Zucker
Prise	Salz
45 g	Weizenmehl 550
45 g	Weizenpuder/Stärke
10 g	Kakao

Sahnefond:

100 ml	Sahne
200 g	Nougat
75 g	geröstete Mandeln, gehackt oder gemahlen
4 Blatt	Gelatine
40 g	Eigelb
400 g	Sahne, geschlagen

Im Häussler Holzbackofen:
Bei 300° C einschießen.
Backzeit 3-5 Minuten.

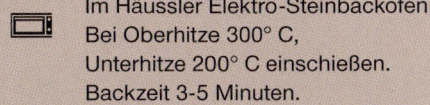
Im Häussler Elektro-Steinbackofen:
Bei Oberhitze 300° C,
Unterhitze 200° C einschießen.
Backzeit 3-5 Minuten.

Im Haushaltsbackofen:
Bei 240° C Umluft einschießen.
Backzeit 3-5 Minuten.

Nuss-Nougat-Roulade

Zubereitung Biskuitroulade:

Ei, Zucker und Salz unter ständigem Rühren auf ca. 40° C erwärmen. Danach mit der Maschine aufschlagen. Mehl, Stärke und Kakao sieben und anschließend vorsichtig unterheben.

Zubereitung Sahnefond:

Sahne und Nougat auf ca. 50-60° C erwärmen bis sich der Nougat vollständig gelöst hat. Dann die eingeweichte Gelatine zugeben und das Eigelb einrühren. Das ganze nun auf ca. 20° C abkühlen lassen.

In der Zwischenzeit die Mandeln im Ofen rösten, damit der Geschmack intensiver wird.

Die geschlagene Sahne, sowie die gerösteten Mandeln auf 2-3 mal unter die abgekühlte Nougatmasse geben. Die Roulade damit füllen, aufrollen und für 3-4 Stunden gut durchkühlen lassen. Anschließend kann die Roulade beliebig ausgarniert werden.

Zutaten für 1 Blech (35 x 38 cm):

Teig:

500 g	Weizenmehl 550
100 g	Butter
10 g	Salz
15 g	Schweineschmalz
20 g	Hefe
300 ml	Milch
1	Ei

Guss:

80 ml	Sahne
30 ml	Weißwein, trocken
50 g	Butterflocken
130 g	Rohrzucker

Im **Häussler** Holzbackofen:
Bei 270° C einschießen.
Backzeit 10-12 Minuten.

Im **Häussler** Elektro-Steinbackofen:
Oberhitze 260° C, Unterhitze 170° C.
Nach dem Einschießen Ofen aus-
schalten und 10-12 backen.

Sahne-Wein-Kuchen

Die Zutaten für den Teig in der Häussler Teigknetmaschine 8 Minuten zu einem Hefeteig kneten. Ein Backblech (kein Lochblech) gut einfetten und den Teig mit bemehlten Händen auf dem Blech verteilen.

Das Backblech anschließend mit einer Gärfolie abdecken und an einem warmen Ort ca. 2 Stunden gehen lassen. Dann den Rand des Teiges von Hand etwas hochdrücken (ca. 1 cm), damit nachher der Guss nicht herauslaufen kann. Mit den Fingern gleichmäßig tiefe Löcher in den Teig drücken und mit einer Gabel mehrmals einstupfen. Die Sahne mit Wein vermischen und darüber gießen.

In die Löcher die kalten Butterflocken verteilen und mit reichlich Zucker bestreuen. Nach Anleitung backen.

Zutaten für eine Kuchenform (Ø 28 cm):

225 g	Butter
225 g	Zucker
4	Eier
300 g	Dinkelmehl 630
75 g	Dinkelvollkornmehl
75 g	gemahlene Mandeln
1 Pck	Backpulver
1-2 EL	Honig
3 EL	Milch

Zum Belegen frische Äpfel oder Sauerkirschen.

Dinkelrührkuchen

Die Butter und den Zucker in der Häussler Teigknetmaschine mit dem Rührwerk schaumig schlagen. Die Eier nach und nach unterrühren. Das Dinkelmehl, Dinkelvollkornmehl, Mandeln und Backpulver mischen und mit der Milch und dem Honig vorsichtig mit einem Kochlöffel unter die Butter-Ei Masse heben. Nun den Teig in eine gefettete Backform streichen und mit Apfelschnitzen oder Kirschen belegen.

Den erkalteten Kuchen mit Puderzucker bestäuben.

 Im **Häussler** Holzbackofen:
Bei 220° C einschießen.
Backzeit 35-40 Minuten.

 Im **Häussler** Elektro-Steinbackofen:
Oberhitze 210° C, Unterhitze 130° C.
Nach dem Einschießen Ofen ausschalten und 35-40 Minuten backen.

 Im Haushaltsbackofen:
Bei 190° C einschießen.
Backzeit 35-40 Minuten.

Zutaten für 12 Knoten:

Vorteig:

100 g	Weizenvollkornmehl, fein
100 ml	Milch
5 g	Hefe

Hauptteig:

205 g	Vorteig
400 g	Weizenmehl 50
180 ml	Milch
10 g	Hefe
1 Prise	Salz
65 g	Butter
65 g	Zucker
50 g	Ei (1 Stück)

Füllung:

65 g	flüssige Butter
40 g	Zimt-Zucker-Mischung

Zimtknoten

Die Zutaten für den Vorteig mischen und 5 Stunden oder über Nacht im Kühlschrank quellen lassen. Anschließend mit den restlichen Zutaten für 8-10 Minuten in der Teigknetmaschine zu einem weichen homogenen Teig kneten. Den Teig 45 Minuten abgedeckt bei Raumtemperatur gehen lassen.

Nach der Teigruhe den Teig auf der bemehlten Arbeitsplatte zu einem Rechteck mit 5 m Stärke ausrollen, mit der flüssigen Butter bestreichen und mit der Zimt-Zucker-Mischung bestreuen. Anschließend einmal zusammenklappen und mit einem Bäckerspachtel oder einem Messer zu 12 Strängen abstechen.

Die Stränge eindrehen, einmal Knoten und die Enden nach unten einstülpen. Anschließend 45 Minuten gehen lassen. Vor dem Backen mit Ei abstreichen.

Im Häussler Holzbackofen:
Bei 230° C einschießen.
Backzeit 17 Minuten.

Im Häussler Elektro-Steinbackofen:
Oberhitze 230° C,
Unterhitze 130° C
Backzeit 17 Minuten.

Im Haushaltsbackofen:
Bei 190° C einschießen.
Backzeit 17 Minuten.

Anleitung

Den Teig auswellen...

... mit flüssiger Butter bestreichen und mit Zimt-Zucker-Mischung bestreuen.

Zu 12 Strängen abstechen.

Die Stränge eindrehen...

... und knoten.

Mit Ei abstreichen. Anschließend 45 Minuten ruhen lassen und backen.

Zutaten für 8-10 Flammende Herzen:

250 g	Weizenmehl 550 oder
250 g	Dinkel- oder Kamutvoll-kornmehl fein gemahlen
250 g	Butter (Raumtemperatur)
80 g	Puderzucker
60 g	Marzipan
1	Ei

Marmelade oder Nougat

Schokoladenglasur

Die weiche Butter mit dem Zucker und dem Marzipan in der Häussler Teigknet-maschine mit dem Rührwerk schaumig rühren. Das Ei langsam dazu geben und 2 Minuten weiter rühren bis eine homoge-ne Masse entsteht.
Nun das Vollkornmehl vorsichtig mit einem Kochlöffel unterheben.

Mit Hilfe eines Spritzbeutels und der Sterntülle Nr. 10 die Flammenden Herzen auf ein Lochblech mit Dauerbackfolie aufspritzen. Nun nach Anleitung backen.

Nach dem Backen mit Marmelade oder Nougat füllen und einseitig in Schokola-denglasur tauchen.

<u>Tipp:</u>
Bei allen Rezepten können Sie anstatt Weizenmehl auch Dinkelmehl oder fein gemahlenes Vollkornmehl verwenden.

 Im **Häussler** Holzbackofen:
Bei 180° C einschießen.
Backzeit 10-12 Minuten.

 Im **Häussler** Elektro-Steinbackofen:
Oberhitze 200° C, Unterhitze 130° C.
Backzeit 10-12 Minuten.

 Im Haushaltsbackofen:
Bei 180° C einschießen.
Backzeit 10-12 Minuten.

Hätten Sie's gewusst?

Dinkel (auch Alemannen- oder Schwabenkorn genannt) ist der Ursprung unserer Weizensorten. Der hohe Kleber- und Eiweißgehalt verleiht ihm hervorragende Backeigenschaften. Nach den Lehren der Heiligen Hildegard von Bingen wird ihm eine heilende Wirkung zugeschrieben.

Anleitung

Butter, Zucker und Marzipan schaumig rühren.

Vollkornmehl vorsichtig unterheben.

Masse in den Spritzbeutel füllen.

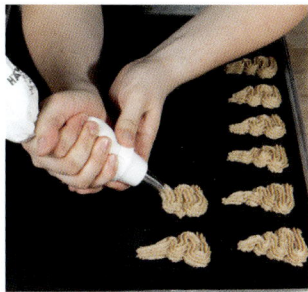

Flammende Herzen aufspritzen und anschließend nach Anleitung backen.

Nach dem Backen mit Marmelade oder Nougat füllen.

Immer zwei Herzen zusammenklappen und einseitig in Schokoladenglasur tauchen.

Zutaten für ca. 6 Palmbrezeln:

1000 g	Weizenmehl 550
140 g	Zucker
100 g	Butter
30 g	Schweineschmalz
10 g	Salz
60 g	Hefe
2	Eier
400 - 450 ml	lauwarme Milch

abgeriebene Schale und Saft einer
Zitrone (anstatt Zitrone kann auch
Vanillemark oder -pulver verwendet
werden)

Palmbrezeln

Alle Zutaten 7-10 Minuten in der Teigknetmaschine zu einem feinen Hefeteig verkneten. Den Teig zugedeckt 45 Minuten ruhen
lassen.

Anschließend 6 Portionen mit je 300 g
abstechen und nach der Flechtanleitung
6 Brezeln formen.

Die Palmbrezelteiglinge mit Ei bestreichen
und mit Hagelzucker bestreuen.
Nochmals 10-20 Minuten gehen lassen,
dann backen.

Im Häussler Holzbackofen:
Bei 220° C einschießen.
Backzeit 20-25 Minuten.

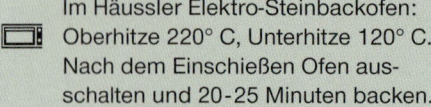

Im Häussler Elektro-Steinbackofen:
Oberhitze 220° C, Unterhitze 120° C.
Nach dem Einschießen Ofen aus-
schalten und 20-25 Minuten backen.

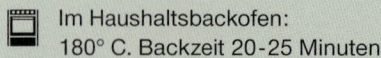

Im Haushaltsbackofen:
180° C. Backzeit 20-25 Minuten.

Anleitung

Den Teig in 3 Teile teilen und lange Teigstränge rollen.

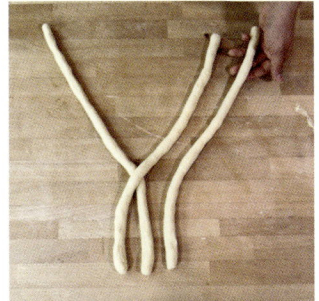

In der Mitte zu flechten beginnen.

Legen Sie immer den äußeren Teigstrang über den Mittleren.

Wenn Sie einen kleinen Zopf in der Mitte erhalten haben, legen Sie ihn längs vor sich.

Nun rollen Sie die Teigstrangenden fest zusammen.

Überkreuzen Sie die Enden einmal ...

... und ein zweites mal.

Nun nehmen Sie die Enden legen Sie nach vorn und drücken die Teigenden fest.

MIt Ei abstreichen und backen.

Butter-Osterlamm

100 g	Butter
85 g	Zucker
35 g	Marzipan
1	Eigelb
1	Vollei
65 g	Weizenmehl 550
35 g	Weizenstärke (kann durch Mehl ersetzt werden)
1 g	Backpulver
	Salz, Vanille, Zitrone

Butter mit Zucker und Marzipan ca. 5 Minuten in der Teigknetmaschine mit dem Rührpaddel verrühren.

Erst das Eigelb, dann das Vollei nach und nach zugeben. Weizenmehl, Weizenstärke und Backpulver versieben und mit den restlichen Zutaten verrühren.

Die Lammformhälften mit dem Häussler Backtrennspray einsprühen und mit Mehl ausstauben. Die Form zusammensetzen, den Teig in die Form füllen und das Lamm goldgelb ausbacken. 10 Minuten nach dem Backen vorsichtig aus der Form lösen und nach dem Erkalten mit Puderzucker bestäuben.

 Im **Häussler** Holzbackofen:
Bei 210° C einschießen.
Backzeit kleine Form: 30-35 Minuten.

 Im **Häussler** Elektro-Steinbackofen:
Oberhitze 220° C, Unterhitze 160° C.
Backzeit kleine Form: 30-35 Minuten.

 Im Haushaltsbackofen:
Bei 180° C einschießen.
Backzeit kleine Form: 30-35 Minuten.

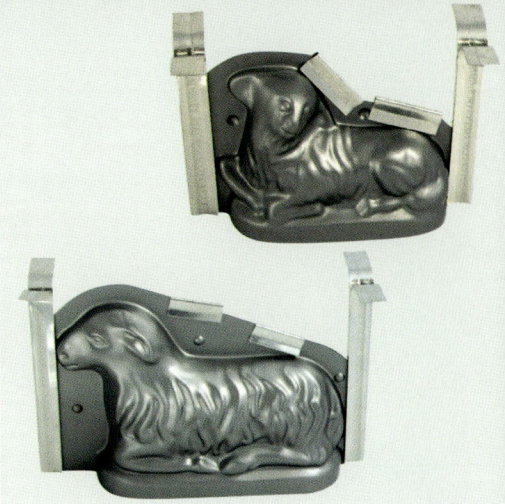

Unsere Empfehlung

Antihaftbeschichtete Lammbackform

Aus starkem Weißblech. Form ist einfach nur mit Wasser zu reinigen. Erhältlich im Katalog und im Online-Shop unter **www.backdorf.de**

<u>Lamm klein:</u>
Füllmenge 0,5 Liter Teig, Kopf seitlich
<u>Lamm groß:</u>
Füllmenge 1 Liter Teig, Kopf gerade

 Im Häussler Holzbackofen:
Bei 190° C einschießen.
Backzeit große Form:
ca. 55 - 60 Minuten

Im Häussler Elektro-Steinbackofen:
Oberhitze 190° C,
Unterhitze 160° C
Backzeit große Form:
ca. 55 - 60 Minuten

 Im Haushaltsbackofen:
Bei 170° C einschießen.
Backzeit große Form:
ca. 55 - 60 Minuten

Zutaten für eine große Lammform (1 L):

200 g	Butter
170 g	Zucker
65 g	Marzipan
2	Eigelb
3	Vollei
130 g	Weizenmehl 550
65 g	Weizenstärke (kann durch Mehl ersetzt werden)
2 g	Backpulver
	Salz, Vanille, Zitrone

Zutaten für 12 Nikoläuse:

1000 g	Weizenmehl 550
150 g	Zucker
130 g	Butter
1	Ei
10 g	Salz
450 ml	lauwarme Milch
60 g	Hefe
1	Zitrone, Saft und etwas Abrieb
1 TL	Vanillezucker

Für die Verzierung:

1 Ei zum Bestreichen

kleine Rute, Pfeife oder Backschieber
Sultaninen

Butter-Hefenikolaus

Für den Teig die Zutaten in der Häussler Teigknetmaschine 10-12 Minuten zu einem glatten, weichen Teig verkneten. Diesen abgedeckt etwa 1 Stunde ruhen lassen.

Den Teig nach dem Gehen in 150 g schwere Stücke teilen, diese zu einem ovalen Laib formen und nochmals 10 Minuten ruhen lassen.

Anschließend den Nikolaus nach der Bilderanleitung ausformen. Die Sultaninen als Knöpfe und Augen eindrücken, mit der Pfeife, dem Schieber oder der Rute dekorieren und mit dem verquirlten Ei bestreichen.

Nochmals abgedeckt 10 Minuten ruhen lassen, dann backen.

Im Häussler Holzbackofen:
Bei 200° C einschießen.
Backzeit 15-20 Minuten.

 Im Häussler Elektro-Steinbackofen:
Oberhitze 210° C,
Unterhitze 130° C
Backzeit 15-20 Minuten.

 Im Haushaltsbackofen:
Bei 190° C einschießen
Backzeit 15-20 Minuten.

Anleitung

Mit den Händen einen kegel-
förmigen Rohling formen.
Den Kopf mit der Handseite
leicht abtrennen.

Mit den Fingern die Arme
eindrücken...

... und mit dem Teigabste-
cher abstechen.

Beine mit dem Teigabste-
cher ebenfalls abstechen.

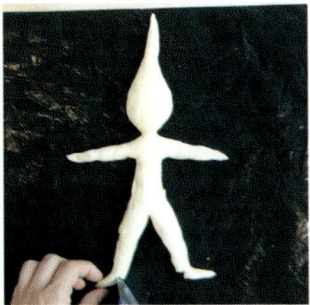

Die Füße leicht einschneiden.

Mit Sultaninen Knöpfe und
Augen andeuten, mit Pfeife
und Rute dekorieren und mit
Ei bestreichen.

Zutaten für 25-30 Springerle:

250 g	Weizenmehl 405
2	Eier
200 g	Puderzucker
1 Pck.	Vanillezucker
	Anissamen
	Stärkemehl

Die Eier, den gesiebten Puderzucker und den Vanillezucker mindestens 20 Minuten schaumig rühren. Das Mehl auf die Arbeitsplatte geben und mit der Hand eine Kuhle formen.

Die Ei-Zucker-Masse in die Kuhle gießen und nach und nach das Mehl vorsichtig mit einem Bäckerspachtel einarbeiten.

Anschließend den Teig leicht von Hand durchkneten und mit der Ausrollhilfe einen Zentimeter dick ausrollen. Die Oberfläche leicht mit Stärkemehl abstauben. Die gewünschte Modelform kräftig eindrücken, das Springerle ausstechen und auf ein mit Anissamen bestreutes Blech setzen. Über Nacht trocknen lassen und anschließend 15 Minuten backen.

Im Häussler Holzbackofen:
Bei 140° C einschießen.
Backzeit 15 Minuten.

Im Häussler Elektro-Steinbackofen:
Oberhitze 150° C,
Unterhitze 120° C
Backzeit 15 Minuten.

Im Haushaltsbackofen:
Bei 140° C einschießen.
Backzeit 15 Minuten.

Anleitung

Zucker, Eier und Vanillezucker schaumig rühren. Mehl auf die Arbeitsplatte geben.

Eine Kuhle formen und die Mischung in die Mitte des Mehles gießen.

Nach und nach das Mehl mit einem Bäckerspachtel in die Masse einarbeiten ...

... bis alles gut vermengt ist. Zum Schluss vorsichtig von Hand durchkneten.

Durch das vorsichtige einarbeiten des Mehles bekommt der Teig eine luftige Struktur.

Die Arbeitsplatte bemehlen. Mit der Ausrollhilfe den Teig vorsichtg auf 1 cm ausrollen.

Die Oberfläche des Teigs leicht bemehlen und die Modelform kräftig eindrücken ...

... ausstechen ...

... und auf ein mit Anissamen belegtes Backblech setzen.

Zutaten für 50-60 Zimtsterne:

6	Eiweiß
1 Prise	Salz
440 g	Puderzucker
1	Zitrone, Saft und Schale
15-20 g	Zimt
500 g	gemahlene Mandeln

Eiweißglasur:

3	Eiweiß
220 g	Puderzucker
1 Prise	Salz

Im Häussler Holzbackofen:
Bei 130° C einschießen.
Backzeit 10-15 Minuten.

Im Häussler Elektro-Steinbackofen:
Oberhitze 140° C,
Unterhitze 100° C
Backzeit 10-15 Minuten.

Im Haushaltsbackofen:
Bei 160° C einschießen.
Backzeit 10-15 Minuten.

Zimtsterne

Das Eiweiß mit der Prise Salz zu steifem Schnee schlagen, nach und nach Puderzucker und Zitrone zugeben. Die Masse muss richtig fest sein, sodass sie nicht mehr vom Löffel fällt. Unter die Masse die Mandeln, Zimt und abgeriebene Zitrone geben und zu einem Teig verarbeiten. Den Teig über Nacht kalt stellen.

Am nächsten Tag die Eiweisglasur herstellen. Anschließend den Teig fingerdick ausrollen und glatt mit der Glasur bestreichen. Den Sternausstecher in warmes Wasser tauchen und Sterne ausstechen.

Auf ein gefettetes oder mit Backfolie belegtes Blech legen, ca. 1 Stunde antrocknen lassen und nach Anleitung backen.

Zutaten für 60 Nussecken:

Boden:
100 g	Butter
50 g	Puderzucker
225 g	Weizenmehl 550 oder Dinkelmehl 630
1	Vanilleschote
1	Eigelb oder 1 kleines Ei

Belag:
200 g	Butter
250 g	Zucker
2 EL	Milch
200 g	gemahlene Nüsse
200 g	Mandeln gehobelt
1	abgeriebene Zitrone
1	abgeriebene Orange
5 EL	Marmelade

Dekor: ca. 100 g Schokoglasur oder Kuvertüre

Im Häussler Holzbackofen:
Bei 210° C einschießen.
Backzeit: 18-20 Minuten

Im Häussler Elektro-Steinbackofen:
Oberhitze 220° C, Unterhitze 140° C
Backzeit: 18-20 Minuten

Im Haushaltsbackofen: Bei 180° C
einschießen. Backzeit: 18-20 Minuten

Nussecken

Butter und Puderzucker verkneten. Die restlichen Zutaten für den Boden nur kurz unterkneten und zu einem Mürbeteig verarbeiten, in Folie einpacken und über Nacht kaltstellen. Am nächsten Tag ausrollen, auf ein gefettetes Blech legen und mit einer Gabel einstechen. Den Teig mit einem Backrahmen (z.B. 32 x 32 cm) ausstechen, damit später die Füllung nicht vom Mürbeteigboden läuft.

Den überstehenden Teig entfernen. Den Boden etwa 7 Minuten leicht vorbacken, danach sofort mit Marmelade bestreichen. Für den Belag Butter, Zucker, Milch und Zitrusfrüchteabrieb miteinander aufkochen. Die Nüsse und Mandelblätter einrühren und die Masse gleichmäßig auf dem Boden verteilen. Etwa 18-20 Minuten backen. Die Teigplatte noch im warmen Zustand in Quadrate und diese dann in Dreiecke schneiden. Danach die Kanten des Gebäcks in flüssige Schokolade tauchen.

Zutaten für 3 Stollen:

Mandelgrießstück:

40 g	Mandelgrieß
25 ml	Milch

Vorteig:

160 g	Dinkelmehl 630
35 g	Hefe
110 ml	Milch
5 g	Salz

Hauptteig:

325 g	Butter
100 g	Zucker
7 g	Stollengewürz
7 g	Zitronenabrieb
1	Vanilleschote augekratzt
490 g	Dinkelmehl 630
310 g	Vorteig
65 g	Mandelgrießstück
ca. 50 ml	Milch

Dinkel-Christstollen mit Cranberries

Die Zutaten des Mandelgrießstücks am Vortag miteinander vermischen und quellen lassen. Die Cranberries mit dem Rum vermischen und über Nacht ziehen lassen. Am nächsten Tag den Vorteig in der Teigknetmaschine ca. 6-7 Minuten kneten und 30 bis 40 Minuten ruhen lassen. Butter, Vaniliezucker, Salz, Stollengewürz und Zitronenabrieb schaumig rühren. Die Massen zusammen mit Mehl, Vorteig und Mandelgrießstück in den Teigkessel geben und einen geschmeidigen Teig herstellen. Knetzeit mit der 2-Gang Maschine 6 Minuten langsam und weitere 2 Minuten schnell. Bei der 1-Gang Maschine 7-8 Minuten kneten lassen.

Damit die Früchte nicht zerquetscht werden, Fruchtmischung erst zum Schluss ganz vorsichtig unter den Teig arbeiten. Anschließend 15 Minuten ruhen lassen. Nun in 3 gleich große Teigstücke teilen, rundwirken und weitere 15 Minuten ruhen lassen. Danach langrollen, in die Stollenform drücken und diese mit dem Deckel verschließen. Die Stollen in der Form noch einmal 30 Minuten gehen lassen. Anschließend backen. Nach dem Backen 30 Minuten abkühlen lassen, mit heißer Butter abstreichen und in Vanillezucker wälzen. Den Stollen nach 2 Tagen mit Puderzucker abstauben und einpacken.

Fruchtmischung:

    520 g Cranberry mit

    50 ml Rum über Nacht

           ziehen lassen

    130 g Mandeln gestiftelt

    100 g weiße Schokolade

Dekorieren:

    200 g Puderzucker

 Im Häussler Holzbackofen:
Bei 230° C einschießen.
Backzeit 50-60 Minuten.

 Im Häussler Elektro-Steinbackofen:
Oberhitze 240° C,
Unterhitze 160° C
Backzeit 50-60 Minuten.

Im Haushaltsbackofen:
Bei 190° C einschießen
Backzeit 50-60 Minuten.

Anleitung

Vorteig und Zutaten kneten, danach Früchte unter den Teig arbeiten.

Teigstücke abwiegen und langrollen.

Den langgerollten Teig in die Stollenform drücken. 30 Minuten gehen lassen und nach Anleitung backen.

Nach dem Backen Oberfläche mit flüssiger Butter bestreichen und in Vanillezucker wälzen.

Den Stollen nach 2 Tagen mit Puderzucker bestäuben.

Zutaten für 3 Stollen:

Kochstück:

	60 g	Dinkelvollkornmehl
	150 ml	Milch
	1 Prise	Salz

Mandelgrießstück:

	30 g	Mandelgrieß
	25 ml	Milch
	5-10 g	Stollengewürz
	1	Vanilleschote ausgekratzt
	5 g	Zitronenabrieb

Vorteig:

	120 g	Dinkelvollkornmehl
	30 g	Hefe
	85 ml	Milch
	5 g	Salz

Hauptteig:

	360 g	Butter
	90 g	Zucker
	210 g	Kochstück
	65 g	Mandelgrießstück
	240 g	Vorteig
	420 g	Dinkelvollkornmehl
	60 ml	Milch

Fruchtmischung:

	480 g	Rosinen mit
	60 ml	Rum über Nacht ziehen lassen
	100 g	Mandeln gestiftet
	90 g	Zitronat
	90 g	Orangeat

Dekorieren: 180 g Puderzucker

Dinkel-Vollkornstollen

Die Milch vom Kochstück aufkochen, Dinkelmehl und Salz unterrühren. Über Nacht quellen lassen. Die Milch vom Mandelgrießstück ebenfalls aufkochen, restliche Zutaten unterrühren. Über Nacht quellen lassen. Die Rosinen mit dem Rum vermischen und über Nacht ziehen lassen. Am nächsten Tag den Vorteig in der Teigknetmaschine ca. 6-7 Minuten kneten und 30 bis 40 Minuten ruhen lassen. Butter und Zucker schaumig rühren. Die Massen zusammen mit Kochstück, Mandelgrießstück, Vorteig, Mehl und Milch in den Teigkessel geben und einen geschmeidigen Teig herstellen. Knetzeit mit der 2-Gang Maschine 6 Minuten langsam und weitere 2 Minuten schnell. Bei der 1-Gang Maschine ca. 7-8 Minuten kneten lassen.

Damit die Früchte nicht zerquetschen, die Fruchtmischung erst zum Schluss ganz vorsichtig unter den Teig arbeiten. Anschließend 15 Minuten ruhen lassen. Nun in 3 gleich große Teigstücke teilen, rundwirken und weitere 15 Minuten ruhen lassen. Danach langrollen, in die Stollenform drücken und diese mit dem Deckel verschließen. Die Stollen in der Form noch einmal 30 Minuten gehen lassen. Anschließend nach Anleitung von Seite 63 backen. Nach dem Backen 30 Minuten abkühlen lassen, mit heißer Butter abstreichen und in Vanillezucker wälzen.

Den Stollen nach 2 Tagen mit Puderzucker abstauben und einpacken.

Zutaten für 40 Linzerplätzchen:

210 g	Butter
100 g	Puderzucker
1 Prise	Salz
200 g	Weizenmehl 550
120 g	gemahlene Mandeln
1 Prise	gemahlene Nelken
1 TL	Zimt

Belag:

Marmelade, Nougat Fettglasur
oder Kuvertüre

Linzerplätzchen

Butter und Puderzucker verkneten. Anschließend die restlichen Zutaten nur kurz unterkneten. Teig in Folie einpacken und über Nacht kaltstellen. Den Teig auf wenig Mehl 3 mm dick ausrollen und mit einem Herzausstecher ausstechen.

Auf ein gefettetes oder mit Backfolie belegtes Blech legen und ca. 10-15 Minuten backen.

Nach dem Backen jeweils zwei der erkalteten Herzen mit Marmelade oder Nougat zusammenkleben und mit Fettglasur oder Kuvertüre verzieren.

 Im Häussler Holzbackofen:
Bei 210° C einschießen.
Backzeit 10-15 Minuten.

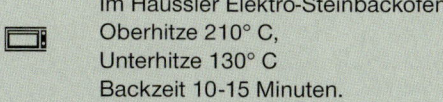 Im Häussler Elektro-Steinbackofen:
Oberhitze 210° C,
Unterhitze 130° C
Backzeit 10-15 Minuten.

Im Haushaltsbackofen:
Bei 190° C einschießen-
Backzeit 10-15 Minuten.

Über Häussler...

Wir sind ein traditionell geführter Familienbetrieb und Marktführer in der Herstellung und dem Verkauf von Holzbacköfen. Unser Backdorf empfängt Sie mit einer 1500 m² großen Ausstellung mit rund 150 Geräten und über 2000 Zubehörteilen.

Bei uns finden Sie:

- Getreidemühlen, Teigknetmaschinen, Elektro-Steinbacköfen, Holzback-öfen, den Pelletgrill, Nudelmaschinen und Räucherschränke
- Professionelles Zubehör rund ums Mahlen, Kneten, Backen und Nudelmachen, mit Lebensmittelabteilung und Bücherecke
- Verschiedene Vorführstationen (Nudeln, Backöfen und vieles mehr)
- Schaubäckerei mit gewerblichen Holzbacköfen
- Zahlreiche Musterbackhäuser
- Back- und Nudelvorführungen für Einzelpersonen und Gruppen

Mehrmals im Jahr finden bei uns Events statt, wie die Steinbackofen- Nudeltage, Holzofen-Grilltage, der Adventsmarkt und vieles mehr. Es erwarten Sie gemütliche Stuben, in denen wir Sie zu einer Tasse Kaffee einladen und kompetent und freundlich beraten.

Wir freuen uns auf Ihr Kommen!

Wir haben uns auf Produkte rund ums Mahlen, Kneten, Backen und Nudelmachen für Privatpersonen, Bäcker und Vermarkter spezialisiert. Unsere Produktpalette umfasst:

Holzbacköfen

Ein Traum für alle Grill- und Back-Fans: Ein Ofen, tausend Möglichkeiten! Ob saftiges Steak, zartes Gemüse, Filet, knuspriges Brot, Pizza oder auch Spanferkel und Geflügel – ein Häussler Holzbackofen ist ein echter Renner bei Gartenfesten und Grillpartys. Die Häussler Holzbacköfen sind in verschiedenen Größen, als backfertige Holzbacköfen oder als Selbstbausätze erhältlich.

Elektro-Steinbacköfen

In den modernen Elektro-Steinbacköfen von Häussler gelingen Ihnen viele Leckereien in besonders guter Qualität. Das Backen mit Speicherwärme nach dem bekannten Holzbackofen-Prinzip lässt nicht nur Brot und andere Backwaren, sondern auch Pizza, Braten und Geflügel bestens gelingen. Die Häussler Elekro-Steinbacköfen sind, ebenso wie die Holzbacköfen, vollständig mit Schamottesteinen ausgekleidet und sind passend für jeden Bedarf in verschiedenen Größen erhältlich.

Teigknetmaschinen

Damit ist die Schwerstarbeit des Handknetens passé: Die starken und zuverlässigen Häussler Teigknetmaschinen sind in jeder Küche die idealen Helfer, die größere und kleinere Teigmengen spielend bewältigen! Echte Schmuckstücke in der Küche – und trotzdem leisten sie Schwerstarbeit. Sie sind ausgestattet mit einem kraftvollen Industriemotor und einem widerstandsfähigen Kettenantrieb. Die Maschinen sind langlebig und nahezu wartungsfrei.

Holzbacköfen

Elektro-Steinbacköfen

Teigknetmaschinen

Karl-Heinz Häussler GmbH
Nussbaumweg 1
D-88499 Heiligkreuztal

Telefon: 0 73 71 / 93 77-0
Fax: 0 73 71 / 93 77-40

info@backdorf.de
www.backdorf.de

Nudelmaschinen

Frische, selbstgemachte Nudeln bedeuten ein Stück Lebensqualität. Mit den vollautomatischen Häussler Nudelmaschinen zaubern Sie besondere Genüsse. Sie können frische Bärlauchnudeln, Spinatnudeln, Chilinudeln, Pilznudeln oder sogar tolle Schokonudeln machen! Die Maschinen sind sehr einfach zu bedienen. Das geschlossene Ölbadgetriebe und das Edelstahlgehäuse garantieren eine lange Lebensdauer.

Getreidemühlen

Brot mit frisch gemahlenem Mehl schmeckt traumhaft gut. Die Häussler Getreidemühlen haben robuste Industriemotoren und ein hochwertiges Steinmahlwerk aus Keramik und Korund. Der Stein ist sehr hart, nahezu verschleißfrei und selbstschärfend. Das Korn wird weder geschnitten noch gehackt, sondern langsam und schonend gemahlen. Als Ergebnis erhalten Sie ein feines Vollkornmehl mit allen Vitamin-, Mineral- und Ballaststoffen des Getreides. Die Gehäuse unserer Getreidemühlen sind aus Zirbelkieferholz handgefertigt.

Pelletgrill

Ein Traum – der Häussler Pelletgrill, der die Aromen offenen Feuers bringt. Der in zehn Minuten grillbereit ist, nicht raucht, nicht riecht, nicht staubt. Der Fett im Feuer vermeidet, mehrere Temperaturzonen bietet, mühelos zu reinigen ist und der faszinierend gut aussieht.

Räucherschränke

Selbst räuchern – ein wahrer Genuss! Es gibt zwei Möglichkeiten für Ihr Räuchergut. Wollen Sie kalt- oder heißräuchern? Wir bieten Heiß- und Kalträucherschränke für Privathaushalte und Gastronomie.